Horst Wagner

Terra Preta
Kompostieren mit Pflanzenkohle

Bauanleitung und Hintergrundinformationen

Terra Preta

Kompostieren mit Pflanzenkohle

Bauanleitung und
Hintergrundinformationen
von Horst Wagner

Terra Anima®
www.pflanzenkohle.info

Bibliografische Information der Deutschen Nationalbibliothek:
Die Deutsche Nationalbibliothek verzeichnet diese Publikation in der Deutschen Nationalbibliografie; detaillierte bibliografische Daten sind im Internet über http://dnb.dnb.de abrufbar.

Herstellung und Verlag:
BoD – Books on Demand, Norderstedt

Buchgestaltung und Grafische Umsetzung:
Juliane Bragulla, julimage, www.julimage.de

Bildnachweise Titel:
cycreation – stock.adobe.com
Khorzhevska – stock.adobe.com
Marina Lohrbach – stock.adobe.com
singkham – stock.adobe.com

ISBN: 978-3-7494-2817-5

Inhaltsverzeichnis

Vorwort

Die Informationen in diesem Ratgeber können Sie zum Teil auf meiner Homepage www.pflanzenkohle.info nachlesen.

Hier sind diese jedoch nach Kapiteln und Abschnitten geordnet, sodass sie zusammengefasst und gebündelt auch ohne Computer, Mobilgerät oder Internet gelesen und angewendet werden können.

Es sind Informationen aus verschiedenster Literatur mit eingearbeitet, um Ihnen eine kurze, jedoch informative Broschüre an die Hand zu geben.

Horst Wagner

1. Worum es geht

Mit unserer Umwelt steht es 5 nach 12!

Am 01. August 2018 war der Earth Overshoot Day – zu deutsch Welterschöpfungstag oder Erdüberlastungstag. An diesem Tag hat die Weltbevölkerung die globalen Ressourcen dieses Jahres verbraucht und ab diesem Tag leben wir von der Substanz der Erde. Und das zu Lasten nachkommender Generationen, also unserer Kinder und Enkel. Und jedes Jahr rückt das Datum nach vorne, im Jahr 1987 war es übrigens noch der 19. Dezember.
Die Natur braucht einen anderen Umgang mit Ressourcen!
Ein „weiter so" kann es nicht geben. Nachhaltige ökologische Konzepte sind gefragt und sie enthalten immer eine Veränderung unseres Konsumverhaltens.
Dazu gehört unausweichlich eine intelligente Bescheidenheit, damit meine ich Zurückhaltung und Genügsamkeit im Gegensatz zu Maßlosigkeit, Überheblichkeit und Geltungssucht.

Das Konzept der Nachhaltigkeit beschreibt den Umgang mit Systemen, die sich in ihren Eigenschaften nicht verändern, obwohl wir sie nutzen. Wir können also gerne Heringe fangen, müssen die Netzmaschen der Heringsfischer aber so groß machen, dass genug Jungfische entweichen können, um die Population stabil zu halten.
Der Begriff der Nachhaltigkeit stammt ursprünglich aus der Forstwirtschaft – gäbe es keine nachhaltige Forstwirtschaft, hätte Deutschland vermutlich keine Wälder mehr.

Geprägt hat ihn 1713 der für den Wald zuständige Oberberghauptmann Hans Karl von Carlowitz am kursächsischen Hof in der Bergbaustadt Freiberg.

Damals hatten die Verschalungen der Erzgruben und das Aufbereiten der Silbererze so viel Holz verschlungen, dass das Ende der Wälder im Erzgebirge kurz bevorstand. Carlowitz erkannte, dass die Bergleute nicht nur ihre eigene Zukunft ruinierten, sondern die der ganzen Region.

Er forderte in seiner „Hausswirtlichen Nachricht und Naturmässigen Anweisung zur Wilden Baum-Zucht", dass in einem bestimmten Planungszeitraum nicht mehr Holz aus dem Wald geschlagen werden darf, als im gleichen Zeitraum nachwächst.

Es geht also darum, neue Wege zu beschreiten, um eine enkeltaugliche Welt zu schaffen.

Hier ist ein Lösungsansatz!

Werden wir Teil der Lösung!

2. Mein Lösungsansatz

Ein wesentliches Problem ergibt sich aus der Art und Weise, wie wir uns ernähren. Dieses Konsumverhalten ist verantwortlich für die Probleme bei der Herstellung unserer Nahrungsmittel. Zum einen bei der Fleischproduktion. Ein Großteil (80 %) der weltweiten landwirtschaftlichen Flächen wird zur Produktion von Tierfutter, wie z. B. Soja genutzt. Um die Erntemenge zu halten oder gar zu steigern, kommt es zur Rodung von Wäldern und zum Einsatz von Kunstdüngern und Giften in der Landwirtschaft und im Gartenbau. Dazu kommt noch der unglaubliche Wasserverbrauch. So werden beispielsweise für die Produktion von 1 kg Rindfleisch 16.000 Liter Wasser verbraucht (Water footprint network).

Ein weiteres Problem ist der Umgang mit der Ressource Boden.
Viele verstehen Boden als schlichtes Substrat, in dem man Nutzpflanzen aufziehen kann. Mit Kunstdünger wird die Pflanze ernährt. Hormone und Gifte sollen sie vor Krankheit und Schädlingen schützen. Diese Gifte werden schönfärbend Pflanzenschutzmittel genannt. Die Probleme der Landwirtschaft sind bekannt und sollen nicht Inhalt dieses Ratgebers sein.
Das andere Problem liegt in unserem Konsumverhalten. Jeder kann für sich entscheiden, ob er sich vegan oder vegetarisch ernährt. Laut Statistischem Bundesamt verzehrt jeder Deutsche ca. 60 kg Fleisch im Jahr (2017), das sind 1.150 Gramm in der Woche. Wer darauf nicht verzichten möchte, sollte Fleisch und Wurst bewusst genießen und zwar maximal 600 Gramm in der Woche. Ich sage dies wohl wissend, dass ohne ein

Umdenken in der Politik, genauer gesagt bei den Agrar-subventionen, kein Tier weniger sterben wird.

Für den einen mag der Anbau von Gemüse im eigenen Garten nicht erstrebenswert oder gar rückschrittlich sein, da man ja alles im Supermarkt oder Bioladen kaufen kann. Aber nichts hat einen kürzeren Transportweg als eine Himbeere vom Strauch direkt in den Mund. Und nichts ist gesünder.
Dazu kommen gesicherte Informationen über: Herkunft und Qualität, Einsatz von Giften, wie Pestiziden, Kinderarbeit oder Lohndumping, Umweltzerstörung, etwa durch Nitrateintrag ins Grundwasser. Es gibt keine Verpackung und damit keinen Plastikabfall.

Daher mein Aufruf:

Bauen Sie Ihr eigenes Obst und Gemüse an, auch wenn es „nur" Kräuter, wie Schnittlauch, Petersilie oder Basilikum im Blumentopf auf dem Fensterbrett sind oder Tomaten auf dem Balkon. Ideal ist natürlich ein eigener Garten oder Kleingarten.

Wenn Sie dann noch kompostieren und die Terra-Preta-Technik (Pflanzenkohle-Technik) anwenden, haben Sie den Stoffkreislauf geschlossen, arbeiten nachhaltig und können ein Stück fruchtbare Erde an die nächste Generation weitergeben. Das ist gut für den Planeten und die eigene Gesundheit!

3. Terra Preta do Indio

Terra Preta ist die holzkohlehaltige schwarze Erde, die vor Jahrhunderten von den Indios im Amazonasgebiet angelegt wurde und die bis heute hervorragende Ernteergebnisse ohne zusätzlichen Kunstdünger erreicht.

Wenn hier von Herstellung der Terra Preta gesprochen wird, ist natürlich gemeint, dass wir die Kompostierung nach „Terra Preta Art" durchführen. Terra Preta, das Original, gibt es nur am Amazonas. Bereits vor Jahrhunderten haben indigene Völker diese spezielle Erde geschaffen. Leider ging das Wissen um die Herstellung verloren, denn sehr viele Ureinwohner sind an Pocken, Grippe und anderen Epidemien zugrunde gegangen, die die europäischen Eroberer eingeschleppt hatten.

Auch wenn Terra Preta vergangen und weit weg scheint, kann sie jedoch nicht losgelöst von unserer heimischen Natur betrachtet werden. Denn, wie Alexander von Humboldt vor über 200 Jahren schon sagte: „Alles ist mit allem wie durch tausend Fäden verbunden."

Kurz: Terra Preta ist nach wissenschaftlichen Erkenntnissen besonders in der Lage, der Pflanze die Nährstoffe, die im Boden sind, verfügbar zu machen. Weiter erhöht sie das Wasserspeichervermögen und auch die Luftzufuhr (Durchlüftung) im Boden. Der wichtigste Zusatz dafür ist die Pflanzenkohle.

Die alte Terra Preta der Indios besteht neben Holzkohle (auch Pflanzenkohle genannt) zudem aus einer Mischung von Dung, Kompost und Tonscherben. Selbst menschliche Fäkalien, tierische Knochen und Fischgräten sind darin zu finden. Meine Herangehensweise ist da eine andere.

Ich selbst sehe nicht die Bestandteile als Ausgangspunkt meiner Versuche, sondern die Funktion eines solchen Humus. Daher ist auch die Zusammensetzung meiner, der Terra Preta nachempfundenen Erde, eine etwas andere. Ich verzichte generell auf Fäkalien und tierische Bestandteile, da sich in meinen Versuchen gezeigt hat, dass sie keinen weiteren Einfluss haben. Da die Natur sich selber regenerieren kann, macht es ganzheitlich gesehen keinen Sinn, z. B. Fischgräten oder Knochen zu verwenden, wo die Natur keine vorgesehen hat. Bei mir hat alles (soweit ich die Natur verstehe) seinen Platz, wie es die Natur auch machen würde.

4. Herstellungsarten von Terra Preta

Original Terra Preta gibt es schon seit vielen tausend Jahren und bis jetzt ist es noch niemandem gelungen, dieses Original nachzubauen. Es gibt verschiedene Ansätze dieses Ziel zu erreichen.

Aerobe Herstellungsart (Kompostierung)

Der Weg der Fermentation funktioniert ohne Weiteres, jedoch habe ich mich für einen anderen, einfacheren Weg entschieden und stelle Terra Preta im Kompost her. Dieser Weg ist an Einfachheit kaum zu überbieten, da die meisten Anwender ohnehin einen Komposter im Garten haben. Ausführlich beschrieben habe ich diesen Weg in meinem Kompostratgeber weiter unten, in welchem Sie die einfache Herstellung nachvollziehen können.

Wir können mit Hilfe von Pflanzenkohle und Indigenen (heimischen) Mikroorganismen positive Effekte der Terra Preta erzeugen, egal ob mit der konventionellen, aeroben Kompostierung oder mit der anaeroben Methode unter Zuhilfenahme der EM (Effektive Mikroorganismen).Mein Anspruch ist die Herstellung von qualitativ hochwertigem Kompost, mit einfachen und preiswerten Mitteln.

Anaerobe Herstellungsart (Fermentation)

Neben der traditionellen Kompostierung gibt es seit einigen Jahren ein Verfahren, bei dem Biomasse unter

Luftabschluss (anaerob) zu sogenanntem Bokashi fermentiert wird. Fermentation (lat. fermentum = Gärung) bezeichnet die enzymatische Umwandlung von organischen Stoffen durch Zugabe von Bakterien- oder Pilzkulturen (Milchsäurebakterien).

Fermentation spielt in der Lebensmittelproduktion eine zentrale Rolle bei der Haltbarmachung von Lebensmitteln, z. B. Sauerkraut, Sauermilch, Jogurt, Kefir, Buttermilch, aber auch Tee, Kaffee, Kakao und Tabak.

Bokashi ist also haltbar gemachte Biomasse, die mit einem sauren pH-Wert von 4 – 5 nicht im Beet eingesetzt werden kann, sondern an der Luft (aerob) mehrere Wochen nachrotten muss, bevor sie im Beet angewendet werden kann.

Die Herstellung von Bokashi macht Sinn, wenn wir unsere Biomasse über den Winter sammeln und dann im Frühjahr kompostieren. Mit dem Zusatz von Pflanzenkohle werden Nährstoffe gespeichert und damit die Qualität des zukünftigen Kompostes gesteigert.

Da der Bokashi aufgrund seines pH-Wertes (ca. 4 – 5) nicht direkt im Beet eingesetzt werden kann, sondern es einer Nachrotte an der Luft bedarf, ist mir dieser Lösungsansatz zu umständlich.

Es gibt dazu auch wissenschaftliche Untersuchungen. Ich empfehle den Abschlussbericht des Terra BoGa Projekts der FU Berlin. Bei Pflanzversuchen im Rahmen des Terra BoGa Projektes konnte „kein zusätzlicher Mehrwert durch Fermentierung erkannt werden".

5. Pflanzenkohle

Pflanzenkohle, Biokohle, Holzkohle, Grillkohle, ...
All diese Bezeichnungen stehen für verkohltes Material, in der Regel aus Grünschnitt oder Holz. Diese werden in traditionellen Kohlemeilern aber auch in moderneren Pyrolyseanlagen hergestellt. Das Material verbrennt nicht mit Flamme, sondern schwelt vor sich hin (Verbrennung mit sehr wenig Sauerstoff). Im Idealfall ist die entstandene hochporöse Pflanzenkohle jetzt homogen verkohlt. Pflanzenkohle ist weiterhin ein wichtiger Hauptbestandteil der Terra Preta.

Wesentlich für die Versorgung der Pflanzen sind die Beschaffenheit des Bodens und sein Verhältnis zu den Wurzeln der Pflanzen. Die Pflanze und der Boden greifen mit Hilfe des Wurzelsystems auf zwei Wegen ineinander, nämlich durch die Wurzelhaare und durch die Symbiose mit Pilzen, Mykorrhiza genannt.
Die erste Voraussetzung für dieses Ineinandergreifen ist, dass die innere Oberfläche des Bodens, der Porenraum, während des ganzen Lebens der Pflanze so groß wie möglich ist.
An den Wänden dieses Porenraums, die mit einem Wasserhäutchen (Biofilm) bedeckt sind, findet die wesentlichste Tätigkeit des Bodens statt. Das Bodenleben, das in der Hauptsache aus Bakterien, Pilzen und Protozoen besteht, lebt in diesem Biofilm.

Die Aufgabe der Wurzelhaare ist es, aus den dünnen Feuchtigkeitshäutchen an den Wänden des Porenraums das für die Pflanzen benötigte Wasser und die darin gelösten Nährstoffe aufzunehmen. Pflanzenkohle vergrößert diesen Porenraum ganz erheblich. Ein

Gramm Pflanzenkohle hat die unglaubliche Oberfläche von über 400 m². Aber nur in Mesoporen (10 – 50 Mikrometer = 0,01 – 0,05 Millimeter) kann Wasser pflanzenverfügbar gespeichert werden, wie dies 2014 Forschungen aufgezeigt haben.

Dabei ist es ganz wichtig, dass diese Pflanzenkohle schon mit Nährstoffen und Bodenlebewesen aufgesogen (aktiviert) ist. Wird reine Pflanzenkohle in den Boden gebracht, entzieht sie ihrer Umgebung das Wasser und die darin gelösten Stoffe. Das wirkt sich natürlich negativ auf das Pflanzenwachstum aus. Das ist das Geheimnis der Terra Preta.

Pflanzenkohle bringt für Gartenböden und Blumenerden eine ganze Reihe an Vorteilen, durch welche teils unglaubliche Ertragssteigerungen möglich sind, sofern sie bestimmungsgemäß angewendet wird. Dabei ist die Pflanzenkohle kein Nährstoff, den es gilt in den Boden einzubringen. Die Pflanzenkohle ist lediglich der Träger, ein „Schwamm", der sich mit Nährstoffen und den benötigten Bodenlebewesen vollsaugen kann. Es hat sich bei unseren Versuchen gezeigt, dass Pflanzenkohle, die einen „Alterungsprozess" durchlaufen hat, wesentlich besser funktioniert, als Pflanzenkohle, die frisch aus dem Pyrolyseofen kommt.

Bei Herstellungstemperaturen von mehreren Hundert Grad ist die Kohle biologisch tot. Unsere Pflanzenkohle lagert bereits seit mehreren Jahren im Boden. Dieser Effekt wurde auch bei Untersuchungen im „Terra BoGa"- Projekt in Berlin festgestellt.

6. Boden verstehen

Boden, Bodenleben und Pflanzen bilden eine Einheit. Das eine bedingt das andere. Ohne Pflanzen und Bodenleben entsteht kein Boden (Humus). Ohne Boden kann keine Pflanze leben und natürlich auch kein Bodenleben. Ein Regenwurm stirbt auf nacktem Fels. Ein offener Boden ist der Erosion preisgegeben und wird von Wind und Wasser weggetragen. Übrig bleibt karger Boden, auf dem nichts mehr wächst.

Gegen diese Erosion schützt sich der Boden aktiv. Wir sehen das im Garten auf einem offenen Beet. Es wachsen sogenannte Unkräuter. Offene Böden hat die Natur nicht vorgesehen und zum Schutz vor Erosion bildet sich eine neue Pflanzendecke. Da aber der natürliche Bodenaufbau zerstört wurde, siedeln sich sogenannte Pionierpflanzen an. Sie sind das Mittel der Natur, das gestörte Gleichgewicht im Boden wiederherzustellen (siehe Kapitel 16: Unkäuter sind Heilkräuter).

Pflanzenreste, wie z. B. Laub, werden vom Bodenleben in Humus verwandelt. Unter Humus versteht man die tote organische Substanz im Boden. Bei der sogenannten Humifizierung werden Streustoffe in stabile organische Verbindungen umgewandelt, aus denen die Nährstoffe für die Pflanzen gebildet werden (Mineralisierung).

Diese Arbeit verrichtet das Bodenleben, bestehend aus Milliarden von Mikroorganismen wie Bakterien sowie Pilzen, Würmern, Insekten usw.
Die Pflanzenreste werden gefressen, verdaut und wieder ausgeschieden. Diese Ausscheidungen werden von

Bakterien zersetzt, von Pilzen aufgenommen und weiter verstoffwechselt. Am Ende bleibt nährstoffreicher Mutterboden, aus dem sich Pilze und Pflanzen ernähren. Der Boden ist der Magen der Pflanze und auch ihr Immunsystem.

Zu dieser Lebensgemeinschaft gehören auch Lithobionten, das sind Mikroorganismen, wie Blaualgen, Grünalgen und Kieselalgen. Sie wandeln Stein in organische Substanz um und bilden so die Nahrungsgrundlage für die Mikrofauna. Mit ihnen beginnt die Humusbildung (siehe Kapitel 10: Lithobionten).

Bei diesen Prozessen, die im Kompost ständig ablaufen, wird aus Pflanzenresten gesunder, nährstoffreicher Boden gebildet. Schadstoffe, wie Spritzmittel, werden abgebaut und Krankheitserreger und Keime werden abgetötet. Man muss dem Boden und dem Bodenleben für diese Arbeit nur ausreichend Zeit geben.

Dazu ein Auszug eines Zitats von Friedensreich Hundertwasser aus dem Jahr 1979:

Homo – Humus – Humanitas

Drei Schicksalswörter gleichen Ursprungs
Humus ist das wahre schwarze Gold
Humus hat einen guten Geruch
Humus ist heiliger und Gott näher als der Geruch von Weihrauch
Wer nach dem Regen im Wald spazieren geht, kennt diesen Geruch
Der Humusgeruch ist der Geruch Gottes
Der Geruch der Wiederauferstehung
Der Geruch der Unsterblichkeit

7. Pflanzen verstehen

Ich will hier nicht den Versuch unternehmen, biologische Sachverhalte wissenschaftlich zu erklären, ich bin kein Biologe, eher ein „Beobachtologe".

Es geht mir darum, Wirkmechanismen verständlich zu erklären und ich lerne auch noch immer weiter.

Wie wir wissen, beziehen Pflanzen die Nährstoffe über ihre Wurzeln aus dem Boden. Aber dafür reicht das Wurzelsystem nicht aus und deshalb bilden Pflanzen eine Lebensgemeinschaft (Symbiose) mit speziellen Bodenpilzen. Wahrscheinlich war der „Landgang" der Pflanzen vor ca. 425 Millionen Jahren dadurch erst möglich.

Diese sogenannten Mykorrhiza-Pilze versorgen ihre Wirtspflanzen mit erheblichen Mengen an Nährstoffen. Allein der Anteil an zusätzlichem Phosphor kann bis zu 60 % der in der Pflanze befindlichen Menge betragen. Die Wasserversorgung der Pflanze wird durch Mykorrhizen stark verbessert.

Die Pflanzen suchen also aktiv nach den von ihnen benötigten Nährstoffen oder tauschen sie mit Mykorrhizen, die im Gegenzug Kohlenhydrate (Zucker) erhalten. Diese Kohlenhydrate entstehen bei der Photosynthese in den Blättern der Pflanzen. Die Pflanze holt sich aber nur die Nährstoffe und auch nur die Menge der jeweiligen Nährstoffe, die sie benötigt. Aufgrund dieser verbesserten und ausgewogenen Nährstoffversorgung gedeihen die Pflanzen besser und sind auch resistenter gegen den Befall durch Krankheitserreger.

Justus von Liebig hat bereits 1840 nachgewiesen, dass man Pflanzen mit chemischen Nährsalzen düngen kann. Hierbei werden wasserlösliche Salze, z. B. Phosphate ausgebracht, die sich dann in Wasser auflösen und von den Pflanzenwurzeln bzw. den Mykorrhizen aufgenommen werden. Diese im Wasser gelösten Nährsalze kann die Pflanze nicht erkennen und sie wird dadurch praktisch zwangsernährt. Die nachteiligen Wirkungen beschreibe ich im Kapitel 15: Stickstoff.

Justus von Liebig gilt heute als Begründer der Agrikulturchemie und dennoch hat er den Bauern empfohlen weiterhin Dung auszubringen, um den Boden mit organischer Substanz anzureichern, sowie Leguminosen und Gräser anzubauen.

Wir müssen den Boden als ökologisches System begreifen, welches durch biologische, chemische, geologische und klimatische Prozesse beeinflusst wird. Pflanzen, Pilze, Mikroorganismen, Tiere und Boden sind ein zusammenhängendes System und die Bodenfruchtbarkeit zeigt sich durch das Zusammenspiel von Boden- und Pflanzenleben.

8. Mykorrhiza

Fast alle Pflanzen leben in Symbiose mit Pilzen, genauer gesagt sind es Mykorrhizen, welche sich an den Wurzeln der Pflanzen ansiedeln. Hier, an den feinen Haarwurzeln der Pflanzen, findet ein Austausch von Nährstoffen statt. Das großflächige Pilzgeflecht erschließt Nährstoffe und Wasser im Boden und tauscht diese dann mit der Pflanze.
Im Gegenzug erhält der Pilz Traubenzucker von der Pflanze. Pilze besitzen kein Chloropyll und können daher keinen Zucker durch Photosynthese bilden.
Was wir im Wald sehen, sind nur die Fruchtkörper der Pilze, der eigentliche Pilz besteht aus einem riesigen Pilzgeflecht.

Im Jahr 2000 wurde aufgrund eines zunächst rätselhaften Waldsterbens im Malheur National Forest (Oregon, USA) das riesige Myzel der Hallimaschart *Armillaria ostoyae* (Dunkler Hallimasch) entdeckt. Es erstreckt sich über eine Fläche von rund neun Quadratkilometern (900 Hektar), womit es unter diesem Aspekt das größte Lebewesen der Welt ist.
Es ist auch der größte bekannte lebende Pilz. Sein Alter wird auf 2.400 Jahre und sein Gewicht auf ca. 600 Tonnen geschätzt. Der größte Hallimaschklon Europas – ebenfalls *A. Ostoyae* – wurde 2004 in der Schweiz beim Ofenpass entdeckt. Er ist im Durchmesser 500 bis 800 Meter groß, bedeckt eine Fläche von 35 Hektar und ist etwa 1.000 Jahre alt.

Mykorrhizen unterscheiden sich in der Art und Weise, wie sie mit der Pflanze Nährstoffe austauschen. Hier die drei wichtigsten Arten:

Ektomykorrhiza:

Sie ist die häufigste Symbiose mit den Pflanzen und Bäumen in den Wäldern. Der Pilz wächst um die Wurzel herum und dringt höchstens in die Wurzelrinde ein. Die Pilze ersetzen die feinen Haarwurzeln der Pflanze.

Endomykorrhiza:

Die Wirte sind überwiegend krautige Pflanzen (Heidekraut, Wintergrüngewächse, Orchideen, um nur einige zu nennen). Diese Pilze bilden eine Art Saugorgan, um Nährstoffe und Wasser an die Pflanze abzugeben. Diese Pilze wachsen in die Wurzelzelle hinein.

Arbuskuläre Mykorrhiza:

Dies ist die häufigste Art der Pilze. Da sind so ziemlich alle Pflanzengattungen beinhaltet. Diese Pilze dringen auch in die Zelle ein und bilden dort eine Art Wurzelbaum. Das ist auch die Pilzgattung, welche bei den Kräutern sehr oft vertreten ist.

Das bedeutet, dass nicht jeder Pilz aufgrund seiner Eigenschaften mit jeder Pflanze kann. Ich mische daher in meinen Kompost einen gesunden Mix aus allen pflanzlichen Lebensbereichen: von Waldgrün-, Gartengrün- und Gewerbegrünschnitt. So kommen verschiedenste Mykorrhizen auf natürliche Art und Weise in meinen Kompost.

In dieser Humuserde befindet sich ein ausgewogener Mix aus verschiedenen Mykorrhiza-Sorten und Bodenlebewesen, sodass sich für Ihre Pflanze immer ein Partner zur Symbiose finden wird.

Weiter benötigt der Mykorrhiza-Pilz Mikroorganismen, mit denen er wiederum in Symbiose lebt.

In guter Humuserde ist die komplette Bandbreite der Pilze vorhanden. Die Pflanze wird sich genau die heraussuchen, welche sie benötigt, um eine Symbiose einzugehen.

Dazu noch eine unglaubliche Entdeckung der Max-Planck-Gesellschaft: In einem Kubikmeter Luft schweben zwischen 1.000 und 10.000 Pilzsporen der unterschiedlichsten Arten. Ein reifer Steinpilz kann pro Sekunde 30.000 Sporen freisetzen. Das sind mehrere Milliarden am Tag!

Experten schätzen, dass weltweit ca. 50 Millionen Tonnen Pilzsporen im Jahr durch die Atmosphäre treiben und als Kondensationskeime dafür sorgen, dass Wassertropfen entstehen. Mit dem Regen kommen die Sporen wieder in die Erde.

Abschließend noch einmal zusammengefasst, was die Mykorrhizen so wichtig als Partner für die Pflanze macht:

» Nährstoffe und Wasser können effektiver aufgenommen werden.

» Durch das Umwachsen der Wurzel wird auch eine Art Schutzfeld aufgebaut, das die Pflanze vor schädlichen Einflüssen schützt.

» Die haarfeinen Myzelien (eine Art Wurzel) des Pilzes, welche feiner sind als die Haarwurzeln der Pflanze, können auch in andere Bereiche vordringen, die die Pflanze mit ihren Wurzeln nicht erreichen kann.

9. Bodenleben

Alwin Seifert beschreibt in seinem Buch „Gärtner, Ackern – ohne Gift" einen französischen Bauern, der allmorgendlich die Erdhäufchen der Regenwürmer mit einer Schaufel aufsammelte.
Nach dem Sinn seines Tuns befragt, antwortet er: Le bon Dieu – der liebe Gott – weiß, wie man fruchtbare Erde macht und er hat das Geheimnis den Regenwürmern anvertraut.

Das Bodenleben, auch Edaphon genannt, ist die Gesamtheit der im Boden lebenden Organismen. Die Bodentiere, auch Bodenfauna genannt, werden nach ihren Körperdurchmessern in vier Größenklassen eingeteilt. Zur kleinsten Gruppe, der Mikrofauna, gehören die Einzeller, wie Geißel- und Wimperntierchen (unter 0,2 mm) in unvorstellbaren Mengen.
Ihr eigentlicher Lebensraum ist das Wasser und daher besiedeln sie den Wasserfilm, der die Bodenteilchen umgibt und die Feinporen füllt.

Hier kommen die Eigenschaften der Pflanzenkohle zur Geltung.
Die Struktur der Pflanzenkohle gleicht einem Schwamm mit unzähligen feinen Poren. Dadurch vergrößert und verbessert sich der Lebensraum für die Mikrofauna.
Durch ihre abbauende Tätigkeit werden Nährsalze freigesetzt und wieder für die Pflanzen verfügbar gemacht (Mineralisation).
Zugleich werden stabile Humusverbindungen aufgebaut, die für eine gute Struktur und Fruchtbarkeit des Bodens sorgen – ein effizienter Kreislauf aus abbauenden und aufbauenden Prozessen.

Als Humus wird die Gesamtheit der abgestorbenen und zersetzten organischen Substanz eines Bodens bezeichnet. Er besteht aus einer Vielzahl komplexer Verbindungen, die durch Bodenorganismen umgewandelt werden. Kohlenhydrate und Eiweiße werden schnell zersetzt, Zellulose oder Holzbestandteile werden langsamer abgebaut. Die Humusschicht lässt die Pflanzen wachsen, die ihrerseits Tiere und Menschen ernähren und sie mit Sauerstoff versorgen.

Eine Hand voll gesunden Bodens besteht aus den organischen Überresten abgestorbener Pflanzen, Tiere und Mikroben sowie aus Steinchen, Mineralien, Wasser, Bodenluft, Pflanzenwurzeln und Kleinlebewesen.
In einem Quadratmeter guten Bodens steckt in den obersten 30 cm, also in 300 Liter Boden, eine unfassbar große Fülle von Lebewesen: Schätzungsweise 1,5 Billionen!

Humus ist jedoch weit mehr als die Summe seiner biologischen, chemischen oder physikalischen Eigenschaften, er ist die unverzichtbare Grundlage des Lebens im und auf dem Boden und verhält sich fast schon wie ein eigenständiger, lebendiger Organismus.
Pflanzen stellen den Bodenlebewesen Pflanzensäfte und abgestorbene Pflanzenreste zur Verfügung und erhalten im Gegenzug Nährstoffe – jeder lebt von jedem und versorgt jeden. Pilze, Algen und Bakterien leben mit den Haarwurzeln der Pflanzen zusammen und tauschen große Moleküle wie Eiweiße, Vitamine oder ganze Zellkraftwerke, wie die Mitochondrien, untereinander aus.

Bisher sind nur 5 bis 10 % aller Bodenorganismen bekannt und es ist daher unmöglich, ihre vielfältigen

Wechselwirkungen, Koexistenzen und Symbiosen zu kennen.

Die Wiederverwendung von Stoffwechselabfällen ist eines der Geheimnisse lebendiger, fruchtbarer Erde. Die Ausscheidungen von Primärzersetzern werden von anderen Organismen aufgenommen und abgebaut, deren Hinterlassenschaften dienen als Lebensgrundlage für Bakterien und Pilze.
Der überragende Naturforscher Alexander von Humboldt hat bereits vor über 200 Jahren erkannt: „Alles ist mit Allem wie durch tausend Fäden verbunden".

Die Rolle des Regenwurms ist bei all diesen Prozessen gar nicht hoch genug einzuschätzen. In seinem Darm wandelt der Wurm kraft seiner Muskeln und zahlloser Mikroorganismen abgestorbene Pflanzenteile und Bodenpartikel in hochwertige Erde um. In seinem Kot findet sich durchschnittlich doppelt so viel Kohlenstoff, fünfmal so viel Stickstoff und siebenmal so viel Phosphor wie in normalem Boden.

Eine andere wichtige Rolle spielen die Mykorrhizen – symbiotische Lebensgemeinschaften zwischen Pilzen (griechisch: mykes) und Pflanzenwurzeln (griechisch: rhiza) die dazu dienen, für beide Seiten wichtige Nährstoffe zu aufzuschließen.

Ebenfalls unverzichtbar sind jene Bakterien, die Stickstoff aus der Luft binden und Symbiosen mit Leguminosen wie Erbsen, Bohnen, Klee oder Lupinen eingehen. Sie gehören zu den ganz wenigen Organismen, die fähig sind, den in der Luft vorhandenen Stickstoff so umzuwandeln, dass er für Pflanzenwurzeln unmittelbar verfügbar wird.

10. Lithobionten („Steinfresser")

Der Boden ist ein Lebensorganismus zwischen Stein und Pflanze. Boden ist Leben, braucht Nahrung, hat Stoffwechsel und atmet!

Am Anfang dieser Lebensgemeinschaft Boden stehen Lithobionten, das sind Mikroorganismen, wie Blaualgen, Grünalgen und Kieselalgen. Sie wandeln Stein in organische Substanz um und bilden so die Nahrungsgrundlage für die Mikrofauna. Mit ihnen beginnt die Humusbildung.

Im Erdzeitalter Silur, vor ca. 425 Millionen Jahren, wurde von den Urmeeren aus das Land besiedelt. Zu den ersten Siedlern gehörten sicherlich die Lithobionten, denn es gab ja noch nichts Fressbares an Land außer Gestein.

Es wird vermutet, dass die Urmeere Flachmeere mit geringem Salzgehalt waren. Die Salze lagen noch in den Gesteinen und wurden erst im Laufe der Jahrmillionen ausgewaschen. Nachdem der erste Schritt an Land gelungen war, kam es zu einer explosionsartigen Vermehrung in dieser riesigen unberührten Nische.

Diese Bakterienarten, Algen, Pilze, Hefen und andere Mikroorganismen, wie Amöben bilden bis heute die Grundlage der Humusbildung.

Wir können uns diese Mechanismen bei der Kompostierung zunutze machen. In angesetzten Kräuterbrühen entstehen innerhalb weniger Tage Organismen. Der Heuaufguss ist manchem noch bekannt. Bei diesem Versuch gibt man Heu in ein Gefäß und gießt Regenwasser darüber. An den Pflanzenteilen haften Sporen und Zysten unterschiedlicher Mikroorganismen, die durch die Wasserzufuhr in den aktiven Zustand zurückkehren und die man dann unter dem Mikroskop beobachten kann. Dasselbe geschieht in unserer Wassertonne mit Pflanzenteilen. Auch hier entstehen Organismen, die den Rottevorgang im Kompost beschleunigen und optimieren.

Mit Urgesteinsmehl oder Kalk kann man die Lithobionten regelrecht füttern.
Der Einsatz von Gesteinsmehl ist vielen bekannt, jedoch kaum jemand kennt den Zusammenhang mit Lithobionten. Urgestein wie Granit, Gneis, Basalt oder Porphyr enthält alle wichtigen Mineralstoffe und Spurenelemente, die dem Boden durch jahrelangen Anbau entzogen werden. Um Mangelerscheinungen entgegen zu wirken empfehle ich die Zugabe von Urgesteinsmehl schon beim Aufbau des Kompostes.
Für eine Kompostmiete mit einem Kubikmeter Frischmasse verabreicht man ca. 15 – 20 kg Urgesteinsmehl. Vor der Zugabe von Kalk sollte der Kalkbedarf über eine Bodenuntersuchung ermittelt werden, da er nur in seltenen Fällen benötigt wird.

11. Gesundungsreihe:

Boden – Pflanze – Tier und Mensch

Ich habe bereits mehrfach das 1971 erschienene Buch „Gärtnern, Ackern – ohne Gift" empfohlen und auch daraus zitiert. Der Buchautor Alwin Seifert war Professor für Garten- und Landschaftsgestaltung an der Technischen Universität München. Er berichtet darin über seine vierzigjährige Erfahrung in der Anwendung von Kompost und seine Beobachtungen im eigenen Garten und in der Landwirtschaft. Von ihm stammt auch der Begriff Gesundungsreihe. Entscheidend war seine Beobachtung, dass der Boden sich selbst heilen kann, wenn man ihn lässt.

Und in diesem gesunden Boden wachsen auch gesunde Pflanzen, die, wie er schreibt, „nicht mehr Futter- sondern Heilpflanzen sind. Allein das Bodenleben kann diese fast unbegreifliche Vollkommenheit erzeugt haben."

Als Konsequenz hat er ab seinem 70. Lebensjahr nur noch Obst und Gemüse gegessen, das aus seinem kompostgedüngten Garten kam. (Er war aber kein Vegetarier.) Krankheiten und Allergien, die ihn 30 Jahre lang belastet hatten, heilten in kürzester Zeit aus. Was war das Geheimnis des Erfolgs?

Um sich vor Fressfeinden zu schützen, haben Pflanzen Abwehrstrategien entwickelt, z. B. Dornen oder Stacheln. Am Beispiel des Kojotentabaks *(Nicotiana attenuata)* möchte ich eine spezielle Strategie aufzeigen: Wird der Kojotentabak von einem Fressfeind angefressen, bildet er in seinen Wurzeln das Nervengift Nicotin und bringt es in die äußeren Gewebeschichten der Blätter und Stengel. Vorausgesetzt, es stehen alle benötigten Nährstoffe im Boden zur Verfügung! Mit diesem effektiven Schutz verdirbt er den Pflanzenfressern den Appetit. Alle Pflanzen verfügen über solche Strategien, sonst wären sie im Laufe der Evolution ausgestorben.

Als sich im letzten Jahr Kartoffelkäfer über das Kartoffelbeet meiner Gartennachbarinnen hermachten, konnte ich auf meinen Kartoffelpflanzen nur vereinzelt Käfer entdecken. Sie haben aber nur kurz am Blatt geknabbert und waren schnell wieder weg. Meine Pflanzen wuchsen auf Komposterde und verfügten wohl über alle benötigten Zutaten für ihre Abwehrstoffe.

Diese Beobachtungen zeigen mir, dass die Qualität von Obst, Gemüse und Kräutern entscheidend von der Qualität des Bodens, auf dem und von dem sie wachsen, abhängt. Man kann die Qualität der Früchte auch an ihrem Geschmack erkennen!

Das sind Lebensmittel und nicht nur Nahrungsmittel.

Aus einem Bericht von Alan C. Logan aus dem Jahr 2015 geht hervor, dass unsere Essgewohnheiten nicht nur den Zuckerstoffwechsel und das Herz-Kreislauf-Risiko beeinflussen, sondern auch Veränderungen im Gehirn bewirken.
Das Gehirn ist auf Aminosäuren, Fette, Vitamine, Mineralien, sowie Spurenelemente angewiesen. Diese Makro- und Mikrowirkstoffe haben einen wichtigen Einfluss auf die neurokognitive Arbeitsweise und die psychische Verfassung. Das Gehirn leidet unter den

süßen und kalorienreichen Produkten aus den Lebens-
mittelfabriken.

Wenn Sie diesen Zusammenhang sehen und verstehen,
erkennen Sie, dass ich nur dringend dazu raten kann,
wenn möglich Obst, Salate, Kräuter und Gemüse selbst
anzubauen, oder zumindest Bioprodukte zu essen.

12. Versuche mit Gemüse und Weintrauben

Versuche im Kleingarten

Um die Qualität meines Kompostes zu testen, habe ich eine Parzelle in der benachbarten Kleingartenanlage „Götterfelsen" gepachtet. Zuerst mussten wir, damit meine ich meine Lebensgefährtin und Mitstreiterin Katharina Knorr und mich, das verwildere Grundstück in Ordnung bringen und Beete anlegen.

Angefangen haben wir mit fünf Beeten von ca. 3 m Länge und 80 cm Breite, wobei die äußeren unbehandelt blieben. Auf die anderen drei Beete kam jeweils eine ca. 5 cm starke Schicht aus Kompost – und zwar mit jeweils unterschiedlichem Gehalt an eingesetzter Pflanzenkohle. Dann wurde gepflanzt: Blumenkohl, Kohlrabi und Rosenkohl. Das Wachstum der Pflanzen habe ich regelmäßig geprüft und dokumentiert. Dass ich mit einem Messschieber den Durchmesser der Kohlrabi vermessen habe, hat sicherlich so manchen unserer Gartenfreunde verwundert.

Kurz vor der Ernte des Blumenkohls wurde ich vom Gartenvorstand gefragt, warum bei uns alles so gut wächst. In den Nachbarparzellen, darunter auch seiner, wäre das aufgrund von Nematoden und der Weißen Fliege gar nicht möglich!
Diese Frage konnte ich damals nicht beantworten, aber die kleinen weißen Fliegen hatten wir auch. Heute weiß ich, dass Strahlenpilze im Kompost diese Nematoden und auch die Weißfliege bekämpfen und fressen. Im

Folgejahr war die Fliege auf den Beeten mit Kompost fast verschwunden, war jedoch noch auf den unbehandelten Beeten. Beim Gießen konnte ich die aufsteigenden Fliegenschwärme in unterschiedlichen Populationsgrößen beobachten.

Das Schlüsselerlebnis für uns war jedoch der ausgezeichnete Geschmack des Gemüses. Nachdem unser Blumenkohl aufgegessen war, kam ein optisch einwandfreier Blumenkohl aus dem Supermarkt in den Kochtopf. Bereits beim Erhitzen des Wassers hat dieser Blumenkohl dermaßen übel gestunken, dass wir beschlossen, ihn nicht zu essen, sondern zu kompostieren. Seit diesem Erlebnis kommt nur noch eigenes Obst und Gemüse oder vom „Biobauern" auf den Tisch.

Versuche auf dem Weinberg

Dieses Terra Preta Projekt wurde gemeinsam mit dem Winzer Dr. Heino Blawitzky im April 2014 gestartet.

Dazu wurde ein Bereich des Weinbergs „Rote Presse" im Spaargebirge Meißen neu aufgerebt und jeder Pflanze Terra Anima® Humuserde (früher Terra Anima®-Substrat) im Pflanzloch zugesetzt. Vergleichsweise wurden gleichzeitig im direkt angrenzenden Bereich weitere 4 Rebstöcke der gleichen Charge gesetzt. Es handelt sich um die Sorte Grauburgunder.

Aus den ca. 80 mit Terra Anima® Humuserde behandelten Pflanzen wurden zufällig fünf Reben ausgewählt, die nun in ihrem Wachstum länger beobachtet werden sollen. Als Kontrolle dienen vier unbehandelte Pflanzen der gleichen Charge in dem angrenzenden

Bereich. Es ist davon auszugehen, dass die Klima- und Bodenbedingungen gleich sind, so dass der Unterschied tatsächlich ausschließlich in der Gabe der Terra Anima® Humuserde besteht.

In bestimmten Zeitabständen wurden die Pflanzen von der Bodenkundlerin Dr. Elisabeth Jüschke vermessen und in ihrer Vitalität beurteilt. Parameter waren Stammumfang, Blatttriebe, Höhenwachstum, Blattanzahl und eine ihr Allgemeinzustand.

Nach den ersten vier Messterminen stellte sich klar heraus, dass die mit Terra Anima® Humuserde behandelten Weinreben in ihrem Größenwachstum deutlich den Kontrollpflanzen überlegen sind. Die Reben wuchsen kontinuierlich stark und zeigten auch im Vergleich zu den Kontrollereben in regenarmen Zeiten keine Wachstumshemmung. Diese Niederschlagsdefizite waren im Juni deutlich anhand der geringen Größenzunahme der Pflanzen ohne Terra Anima® Humuserde zu beobachten, welches die Messungen vom 02.07.2014 zeigten.

Weitere Beobachtungen:
Im Vergleich zu den Kontrollpflanzen zeigen Reben, die in Terra Anima® Humuserde gezogen wurden folgende Vorteile: die Blätter sind wesentlich größer, die Pflanzen wirken vitaler, die Stammumfänge sind deutlich größer und sie zeigen schon wesentlich stärkere Rankaktivität

Nachdem im Jahre 2014 das Weinbergprojekt erfolgreich begonnen hatte, stockte es, da sich der Eigentümer änderte. Herr Schneider übernahm den Weinberg und war bereit, das Projekt fortzuführen.

2017 dann das sensationelle Ergebnis! Der Grauburgunder in Terra Preta Erde (Terra Anima® Weinerde) hat ein Mostgewicht von 100° Oechsle, die Referenzreben bringen es nur auf 85° Oechsle.

Dazu haben die Trauben weniger Fäule und einen höheren Ertrag, berichtet der Winzer Johannes Schneider aus Meißen.

13. Das C/N-Verhältnis

Dieses Thema ist bei einem korrekten, wie von mir beschriebenen Aufbau des Komposthaufens nicht relevant – wenn man also seinen Komposthaufen schichtweise mit den zu kompostierenden Materialien, wie Rasenschnitt, Heckenschnitt, Beet-Abraum, Laub oder gehäckseltem Baumschnitt befüllt.
Feuchtes und trockenes Material sollte gemischt werden, damit sich keine zu trockenen oder zu nassen Zonen bilden, die den Rotteprozess negativ beeinflussen bzw. stoppen können. Wichtig für das Gelingen ist alter Kompost vom Vorjahr (alternativ Terra Anima® Humuserde), der in kleinen Mengen beim Aufbau des Komposthaufens eingebracht wird.

Wer aber einmal einen Haufen frischen Rasenschnitts vergessen hat, kennt das Problem. Das Gras hat sich innerhalb weniger Tage in einen stinkenden grünen Pudding verwandelt.

Bei der Kompostierung ist die Aktivität der abbauenden Mikroorganismen abhängig vom C/N-Verhältnis, also vom Kohlenstoffgehalt zum Stickstoffgehalt.
Diese Mikroorganismen benötigen Stickstoff, um das Material zu zersetzen.

Ein hoher N-Anteil beschleunigt den Rotteprozess, wie beispielsweise bei Rasenschnitt oder Mist.
Kompost mit einem zu hohen N-Anteil wirkt stark düngend und entspricht nicht dem Bedürfnis vieler Pflanzen. Pflanzen mit niedrigem oder mittlerem Nährstoffbedarf werden anfällig für Krankheiten und Schädlinge und sie entwickeln wässrige Früchte.

Ein hoher C-Gehalt im Kompost verzögert die Rotte. Wird er ins Beet gebracht, kommt es zur Stickstofffixierung, d. h. die abbauenden Mikroorganismen ziehen den benötigten Stickstoff aus dem Boden. Dieser Stickstoffmangel im Boden führt dann kurzfristig zu Wachstumsstörungen bei den Pflanzen.

Die Natur löst dieses Problem, indem der überflüssige Nährstoff in die Luft geblasen wird – und zwar Kohlenstoff in Form von Kohlendioxid und Stickstoff in Form von Ammoniak und Lachgas. Diese Gase sind in hohem Maße klimarelevant.
Ammoniak beleidigt zudem unsere Nase.

Das anzustrebende C/N-Verhältnis liegt bei 15:1 bis 35:1, also 15 bis 35 Teile Kohlenstoff zu einem Teil Stickstoff.

Hier einige Materialien:

Rasenschnitt	10:1 bis 30:1
Laub gemischt	50:1
Gartenabfälle frisch	7:1
Heu	50:1
Papier	300:1
Gartenerde	10:1 bis 15:1
Pferdemist	20:1
Rindermist	15:1
Holzspäne alt	500:1
Getreidestroh gemischt	100:1

14. Kressetest

Wie kann ich feststellen, ob mein Kompost die richtige Reife hat, um ins Beet zu kommen? Das ist die Frage, die mir am häufigsten gestellt wird und darum widme ich ihr ein eigenes Kapitel.

Alles, was man zur Klärung dieser Frage braucht, ist ein Tütchen Kressesamen (Gartenkresse = *Lepidium sativum*). Man streut einfach ein paar Samenkörner auf den Kompost oder wenn es im Frühjahr noch zu kalt ist, füllen sie eine Hand voll Kompost in eine Schale oder Blumentopf, streuen den Samen darauf und befeuchten ihn.

Wenn der Samen nach 3 bis 4 Tagen keimt und daraus satt grüne Pflänzchen entstehen, ist alles in Ordnung. Sollte der Samen jedoch nicht keimen oder wenn sich gelbliche Blätter zeigen, muss der Kompost noch einige Wochen reifen.

Dasselbe gilt für Bokashi. Frischer Bokashi ist relativ sauer, der pH-Wert liegt bei ca. 4 – 5 und muss erst an der Luft nachrotten. Hier ist ein Kressetest zwingend erforderlich.

Der Kressetest ist eine preiswerte und effektive Methode, um die Qualität von Kompost, Bokashi oder Boden zu testen.

15. Stickstoff

Nun beschleunigt Stickstoff nicht nur das Wachstum, sondern führt auch dazu, dass die Zellwände weicher werden. Diese sind somit auch weniger widerstandsfähig gegenüber dem Befall durch Pilzsporen.

Am Beispiel von Winterweizen sollen die Probleme verdeutlicht werden: Das Saatgut muss mit einer Chemikalie behandelt werden, die die Pilzsporen auf dem Saatkorn tötet, die aber auch in die Pflanze hineinwirkt, um dort Pilzerkrankungen vorzubeugen. Die Bekämpfung von Mehltau, einem Pilz, der sich ausbreitet, wenn die Pflanzen eine Handbreit hoch sind, ist im konventionellen Landbau unabdingbar. Fungizide sind nicht nur hochwirksam, sondern auch sehr selektiv, d. h. sie töten nur bestimmte Pilze ab, bei anderen sind sie wirkungslos. Die Pflanze ist aber von Natur aus mit vielen verschieden Pilzen besiedelt, die zueinander in Konkurrenz stehen, sich sozusagen gegenseitig in Schach halten. Entfallen einzelne Konkurrenten, gewinnen andere die Oberhand – und werden jetzt schädlich. Also müssen sie wieder mit anderen Fungiziden bekämpft werden.

Dazu kommt, dass wegen der Wachstumsförderung durch Stickstoff die Pflanzen so dicht stehen, dass zwischen ihnen kaum Luft zirkuliert, was einen idealen Lebensraum für Pilze schafft. Da der Stickstoff die Pflanzenzellen weich macht und die Halme mit Macht wachsen, kippen die Pflanzen bei stärkerem Wind um. Damit das nicht geschieht, wird ein Pflanzenhormon gespritzt, das die Wachstumsvorgänge beeinflusst. Durch den Wachstumshemmer bleibt jedoch die Ähre zu dicht am obersten Blatt und infiziert sich mit den dort siedelnden Pilzen und muss deshalb mit einem weiteren Fungizid behandelt werden.

Die letzte Wirkung des künstlich zugefügten Stickstoffs ist, dass die Körner ihre normale physiologische Reife nicht erreichen, sondern schon vorher durch die Sommerhitze trocken und druschreif werden. Die Wirkung dieser Körner auf Menschen ist noch unklar. Im Ökolandbau macht der Verzicht auf Stickstoff auch Fungizide überflüssig.

Im Übermaß vorhandener Stickstoff verursacht weitere Probleme. Die Klimaerwärmung wird angeheizt durch die Bildung von Stickoxiden und Ammoniak, die Verunreinigung des Grundwassers und damit die Bildung von Nitrat im Trinkwasser (Krebsgefahr) sowie die Überdüngung von Oberflächengewässern.

Über die Hälfte des Stickstoffes, der gedüngt wird, wird nicht von Pflanzen aufgenommen, sondern in die Gewässer entsorgt oder als Treibhausgas in die Atmosphäre abgegeben. Letztendlich gelangt der Stickstoff ins Meer und diese Überdüngung heizt das Algenwachstum an, sodass kaum noch Sauerstoff vorhanden ist. Es bilden sich wahre Todeszonen, in denen alles Leben auf dem Meeresboden abstirbt.

In der Ostsee zwischen Dänemark und den Aland-Inseln ist bereits ein Fünftel des Bodens ohne Sauerstoff. Laut einer Studie der Uni Göteborg haben sich die permanenten Todeszonen in der Ostsee seit den 1960er Jahren alle 10 Jahre verdoppelt und umfassen mit 70.000 Quadratkilometern ein Gebiet, das so groß ist wie ein Fünftel der Bundesrepublik. Dadurch fehlen etwa 3 Millionen Tonnen Bodenlebewesen auf der Speisekarte der Fische und letztendlich fehlen diese Fische auf unserer Speisekarte.

Die Wissenschaftler beziffern den jährlichen Eintrag von Stickstoff in die Ostsee mit 1,4 Millionen Tonnen und den von Phosphat mit 600.000 Tonnen.

16. Unkräuter sind Heilkräuter

Das ist vielen bekannt, aber diese sogenannten Unkräuter heilen zuallererst den Boden.

Wie ist das zu verstehen?
Man kann das leicht in der Natur beobachten. Wird beispielsweise in einer Wiese eine Baugrube für ein Eigenheim ausgehoben und der Mutterboden auf dem Grundstück als Haufen belassen, wächst auf dem Erdhaufen nicht etwa Gras, sondern allerhand „Unkraut". Woher kommt der Unkrautsamen und warum wächst hier kein Gras, obwohl ringsum Wiese ist?

Die Struktur des Bodens wurde durch das Ausbaggern zerstört. Obere Bodenschichten liegen unten. Nicht nur die Pflanzen, auch die Mikroflora und -fauna sind verschüttet.

Offene Böden hat die Natur nicht vorgesehen und zum Schutz vor Erosion bildet sich eine neue Pflanzendecke. Da aber der natürliche Bodenaufbau zerstört wurde, siedeln sich sogenannte Pionierpflanzen an. Sie sind das Mittel der Natur, das gestörte Gleichgewicht im Boden wiederherzustellen.

Im ersten Jahr fallen u. A. verschiedene Arten von Disteln auf, die in den Folgejahren immer weniger werden und durch andere „Unkräuter" ersetzt werden. Nach einigen Jahren hat das Gras den Hügel zurückerobert, wir sehen eine geschlossene Wiese.

Kompost unterstützt diesen Vorgang. Dabei kommt der Unkrautsamen nur in den seltensten Fällen aus dem Kompost, denn während der Rotte wird das organische Material von unzähligen Organismen gefressen, verdaut und wieder ausgeschieden.

Wenn wir also unser Gartenbeet offen liegen lassen, führt das zwangsweise zur Ansiedlung von „Unkraut". Das Gleiche gilt natürlich auch für offene Flächen in der Landwirtschaft.
Indem diese offenen Flächen im Beet gemulcht werden, z. B. mit angetrocknetem Gras, entledigen wir uns dieses Problems und das Unkrautjäten bleibt uns erspart. Hier bietet die Permakultur wichtige und richtige Lösungsansätze

17. Mit Wildkräutern
den Kompost verbessern

Wir beobachten seit Jahren, dass unsere Humuserde nicht nur vitalisierend auf die Pflanzen wirkt, sondern dass auch Pflanzenkrankheiten erfolgreich geheilt werden.

Da wir von Anfang an Wildkräuter (Heilkräuter) einsetzen, liegt die Vermutung nahe, dass ihre Inhaltsstoffe den Boden und das Bodenleben, wie z. B. symbiotische Mykorrhizapilze, positiv beeinflussen.

Brennnesseln sind eine sehr gute Quelle für wertvolle Mineralien, wie Eisen, Kalium, Phosphor, Magnesium, Mangan, Kalzium und sie enthalten viel Stickstoff. Sie sollten vor der Bildung des Samens geerntet werden, der sich sonst im Garten verteilen kann.

Beinwell ergänzt sich sehr gut mit den Wirkstoffen der Brennnessel und hat ebenfalls einen hohen Kalianteil. Eine Beinwellpflanze liefert genügend Blätter für eine gartenübliche Kompostmiete (ca. 1 m³). Die äußeren Blätter werden abgeschnitten und grob zerkleinert auf den Kompost gegeben.
Aus der Wurzel kann Salbe zubereitet werden, die zur äußeren Behandlung von Prellungen, Verstauchungen oder Blutergüssen genutzt werden kann. Dabei wirkt sie auch schwellungs- und schmerzlindernd.

Borretsch gehört, wie Beinwell, zur Familie der Raublattgewächse, hat einen hohen Anteil von Kalium und Kalzium sowie Stickstoff und Kieselsäure und verbessert den Rotteprozess. Mit den Blüten kann man Salate schmackhaft dekorieren.

Schafgarbe hat ebenfalls einen hohen Kaliumanteil und fördert die Verrottung.

Positive Wirkung hat auch der Ackerschachtelhalm, vermutlich aufgrund des hohen Gehalts an Kieselsäure und Kalium.

Diese Kräuter können auch mit Regenwasser angesetzt werden, mit dem dann das Kompostiergut übergossen wird (Kräuterjauche).

Sicherlich gibt es viele andere Kräuter, die sich auch positiv auf den Boden und das Bodenleben auswirken, hier bedarf es weiterer Forschung.

18. Qualität prüfen

Wie können wir überprüfen, ob das selbst angebaute oder gekaufte Obst und Gemüse tatsächlich hochwertiger ist? Die Lösung ist ein einfaches und handliches Messgerät, mit dem man den Zuckergehalt messen kann: das Refraktometer. Dieses optische Messgerät gibt es bereits ab 20 € zu kaufen. Viele kennen es aus der Weinherstellung, hier bringt der Winzer einen Tropfen Traubensaft auf die Glasplatte des Refraktometers und kann dann auf einer Skala den Zuckergehalt ablesen, genauer gesagt das Mostgewicht in Grad Oechsle.

In der Obstindustrie wird eine andere Maßeinheit verwendet, hier wird der Zuckergehalt in Grad Brix (Bx) angegeben.

Je besser es einer Pflanze geht, umso mehr Zucker kann sie in ihren Blättern und Früchten bilden und umso höher ist der gemessene Brix-Wert. Seit letztem Sommer messe ich alles, was wir so konsumieren. Sehr aussagekräftig waren die Messungen bei Äpfeln, für die ein Messbereich von 6 (schlecht) bis 18 (hervorragend) angegeben ist (siehe nachfolgende Tabelle).
Die Äpfel aus dem Supermarkt lagen bei 6 – 11 Brix. Die Messwerte von den von mir gesammelten sogenannten alten Apfelsorten aus Privatgärten hier im Landkreis Meißen waren in einem Bereich zwischen 16 und 21 Brix. Meine „Gravensteiner" brachten es auf 18 Brix.

Als sehr hilfreich hat sich eine Knoblauchpresse erwiesen, wenn es darum ging, Saft aus Kohlrabi oder Möhren zu pressen.

Den höchsten von mir gemessenen Zuckergehalt hatte eine Aroniabeere mit 24 Brix.

Zum Kauf und Einsatz eines Refraktometers, das bequem in eine Hosentasche passt, kann ich nur raten.

In der folgenden Tabelle werden die Brix-Werte von einigen Obstsorten und Gemüsearten aufgeführt. Hohe Brix-Werte deuten dabei auf einen süßeren Geschmack und bessere Haltbarkeit hin und geben somit Aufschluss über die Qualität.

OBST	QUALITÄT			
	schlecht	mäßig	gut	sehr gut
Erdbeere	8	12	16	18
Aronia	10	12	16	18
Apfel	6	10	14	18
Blaubeere	4	8	16	22
Brombeere	6	8	12	14
Cantaloupe-Melone	8	12	14	18
Honigmelone	8	10	14	16
Wassermelone	8	12	16	18
Weinbeere	8	12	18	22
Himbeere	6	8	12	14
Kirsche	6	8	14	16
Birne	6	10	14	16
Orange	6	10	16	20

QUALITÄT

GEMÜSE	schlecht	mäßig	gut	sehr gut
Kartoffel	3	5	7	10
Endivie	4	6	10	12
Spargel	4	6	8	10
Bohne	4	8	10	12
Broccoli	6	8	10	12
Erbse Ackererbse	4	6	10	12
Markerbse	8	10	12	14
Blumenkohl	4	6	8	10
Kohl	6	10	12	14
Steckrübe	4	6	8	10
Kohlrabi	6	8	10	12
Rote Rübe	6	8	12	14
Mais	6	10	18	24
Zuckermais	6	10	18	24
Paprika	4	6	8	12
Pfefferschote	4	6	8	10
Petersilie	4	6	8	10
Sellerie	4	6	10	12
Salat	4	6	8	10
Tomate	4	6	10	14
Zwiebel	4	6	10	12
Möhre	4	8	14	18

Aus: *„Das Wesen vom Krebs – Wachstum ohne Ziel."*
Matthias J. Augsburg, Eichbaum

19. Ratgeber: Die 5 besten Tipps für guten Kompost

Tipp 1 – Standort

Komposthaufen sollten direkt auf den gewachsenen Boden aufgebracht werden, damit Mikroorganismen, Pilze und Hefen und natürlich Würmer und Insekten, die für den Verrottungsvorgang nötig sind, eindringen können. Keinesfalls sollten Sie versiegelte Flächen für Ihren Standort nutzen. Auch sandige Untergründe sollten, wenn möglich, gemieden werden.

Wichtig für den Rotteprozess sind auch Parameter wie Feuchtigkeit und Temperatur. Damit ist klar, dass der Kompostplatz nicht in der vollen Sonne liegen sollte, denn da trocknet er zu sehr aus. Die Temperaturschwankungen, die an einem solch sonnigen Platz herrschen, können sehr hoch sein und sich nachteilig auf das Bodenleben im Kompost auswirken. Auch ein ständig kalter Schattenplatz verlangsamt den Prozess enorm.
Zur Feuchtigkeit selber gibt es nicht allzu viel zu sagen. Wenn Sie Ihren Komposthaufen aller ein bis zwei Tage gut gießen, sind Sie ganz auf der sicheren Seite. Da die Pflanzenkohle selbst ein guter Wasserspeicher ist, sollte es auch kein größeres Problem sein, mal drei, vier Tage nicht zu gießen. Schlimmstenfalls verlangsamt sich der Rotteprozess, bis Sie Ihren Kompost wieder mit Wasser benetzen.

Wir haben die Erfahrung gemacht, dass ein halbschattiger und windgeschützter Platz ideal ist. Halbschattig, da hier die Temperaturunterschiede nicht zu groß sind. Windgeschützt, da der Komposthaufen nicht zu schnell austrocknet.

Wir pflanzen Holunderbäume oder Haselnusssträucher direkt neben den Kompost. Unsere Tests zeigen, dass sie den Rotteprozess zusätzlich positiv unterstützen. Wir vermuten, dass das an den Pilzen *(arbuskuläre Mykorriza)* liegt, die in Symbiose mit den Baumwurzeln leben und den Kompost durchdringen.

Tipp 2 – Aufbau

Grundsätzlich sind fast alle organischen Abfälle aus Küche und Garten geeignet.

Ideal sind natürlich folgende Reste:

» Obst und Gemüse
» Eierschalen, fein zerkleinert
» Brotreste, möglichst zerkleinert
» Tee- und Kaffeesatz
» Rasen- und Heckenschnitt
» Laub
» Beet-Abraum
» Papiertaschentücher
» Zeitungen (da die Druckerschwärze kein Blei mehr enthält, kann man Zeitungen problemlos kompostieren)

Je mehr Sie diese Reste zerkleinern oder zerstückeln, desto größer wird die spezifische Oberfläche der Restabfälle, an denen der Rotteprozess starten kann. Das bedeutet, je größer die Oberflächen sind, desto mehr

Fläche wird zum Starten des Rotteprozesses geschaffen. Die Reste verrotten schneller und besser. Bitte häckseln Sie diese jedoch nicht zu klein, weil dann kein Sauerstoff mehr an alle Stellen herankommt. Die Größen, die ein handelsüblicher Gartenhäcksler schafft, sind vollkommen ausreichend.

Nicht geeignet sind auf jeden Fall Fleisch oder Knochen, sie locken Ratten, Waschbären oder andere wühlende Tiere an.

Chemisch behandelte Obstschalen, Samen tragende Kräuter oder kranke Pflanzenteile können problemlos kompostiert werden, wenn während der Heißrotte Temperaturen über 60 Grad Celsius erreicht werden oder wenn Sie dem Kompost Zeit geben, um zu reifen. Der klassische Kompost im Garten wird über das Jahr sukzessive befüllt und erreicht diese hohen Temperaturen nicht. Während der Rotte wird das organische Material von unzähligen Organismen gefressen, verdaut und wieder ausgeschieden. Dabei werden Schadstoffe abgebaut, Samen und Krankheitserreger zersetzt. Geben Sie dem Kompost Zeit zum reifen. Idealerweise sollte der Kompost über 2 Winter ausreifen. (siehe Tipp 5: Umsetzen).

Wie Sie es schaffen, dass Ihr Komposthaufen während der Rotte 60 Grad mühelos erreicht, lesen in einem der nächsten Tipps.

WICHTIG!
Sorgen Sie dafür, dass nicht mehr als 75° C in Ihrem Komposthaufen erreicht werden, da ab dieser Temperatur die sogenannte Denaturierung der DNA erreicht wird. Das heißt konkret, das Leben stirbt ab.

Größere Mengen an Rasenschnitt breiten Sie vorher aus und lassen ihn antrocknen, sonst fault er. Kompakte Rasenschnitthaufen erzeugen sehr hohe Temperaturen > 75° C bei der Rotte. In diesem Fall muss der Haufen großflächig ausgebreitet werden, damit das Material komplett abtrocknet. Danach kann es wieder, gemischt mit anderem Material, in den Kompost eingebracht werden und verrottet zu guter Humuserde.

Als unterste Lage füllt man eine bis zu 20 Zentimeter dicke Schicht mit grobem Material, z. B. kleinen Zweigen oder gehäckselten Material, ein. Darauf kommen dann die Garten- oder Küchenabfälle. Sie sollten darauf achten, dass feuchte Materialien wie Küchenabfälle oder Grasschnitt gut mit trockenem Kompostiergut (Zweige, Stroh) gemischt werden, um für eine gute Durchlüftung zu sorgen. Auch hier werden damit wieder wirksam Fäulnis und Schimmel verhindert.

Als Starthilfe sollten Sie zwischendurch einige Lagen reifen Kompostes (oder Terra Anima® Humuserde) geben, damit die darin enthaltenen Mikroorganismen schneller in den Kompost eindringen können. Nachdem der Behälter voll ist, sollte er z. B. mit einer dünnen Schicht Gartenerde oder Kompost abgedeckt werden, damit der Verrottungsvorgang ideal beginnen kann.

Auch wenn ich mich hier wiederhole: es ist wirklich wichtig, darauf zu achten, dass der Kompost gleichmäßig feucht ist. Denn nur dann verrottet auch das Material. Ist er zu trocken (oder im Winter) findet keine Rotte statt.

Tipp 3 – Pflanzenkohle

Verwenden Sie auf jeden Fall Pflanzenkohle, um einen außergewöhnlich lebendigen und nährstoffreichen Kompost zu erhalten.

Pflanzenkohle ist kein Dünger, sondern ein Gerüst, Lebensraum und Speicher für Mikroorganismen, Mineralien und Wasser. Biologisch aktive Pflanzenkohle sieht genauso aus wie gewöhnliche Grillkohle, ist jedoch vollkommen anders in den Eigenschaften. Sie ist aufgrund ihrer Porösität schon mit Mikroorganismen besiedelt. Während des Rotteprozesses werden Nährstoffe in der Pflanzenkohle gespeichert.

Pflanzenkohle fördert das Bodenleben und beeinflusst die Interaktion der mannigfaltigen funktionellen Gruppen von Mikroorganismen, die wiederum in Symbiose mit den Wurzeln der Pflanzen treten. An den hochporösen Oberflächen der Kohle, die über 400 m²/g erreichen kann, finden zudem dynamische Bindungen, Entbindungen und Umformungen von mineralischen und organischen Molekülgruppen statt, was einen großen Einfluss auf die Nährstoffversorgung des Bodens hat. Pflanzenkohle verändert das Bodenmilieu, wodurch eine biologisch effizientere Energie- und Stoffnutzung ermöglicht wird.

Um bei der Veränderung des Bodenmilieus jedoch einen neuen Gleichgewichtszustand zu erreichen, braucht es Zeit. Erst müssen die Kohlepartikel noch unzählige Male durch die Verdauungsorgane von Würmern wandern, von Bakterien und Pilzen besiedelt werden, sowie Mineral- und Huminstoffe absorbieren. Aus diesem Grund bringen wir die Pflanzenkohle bereits zu Beginn der Kompostierung in das Kompostiergut ein. Die negativen Folgen der Holzkohle, wie z. B. Staubbildung, werden dadurch vermieden. Wir haben verschiedene Pflanzenkohlen ausprobiert und können stolz von uns behaupten, dass diese Kohle in unseren Tests weitaus besser abgeschnitten hat als andere Pflanzenkohlen. Das Geheimnis unseres Erfolges liegt in der Art der Aktivierung der Pflanzenkohle. Aktivierung bedeutet – die Kohle mit Leben und Nährstoffen aufzufüllen.

Tipp 4 – Rotteprozess starten bzw. aktivieren

Bitte glauben Sie nicht, Sie selbst machen den Kompost. Guter Kompost entsteht auch nicht von selbst, sondern er ist das Werk unzähliger Organismen – vom kleinsten Bakterium bis zum Regenwurm.
Es beginnt damit, die Kompostbehälter mit den zu kompostierenden Materialien, wie Rasenschnitt, Heckenschnitt, Beet-Reste oder gehäckselten Baumschnitt zu befüllen.

So wie Alwin Seifert es bereits 1972 beschreibt: Ein Gemisch aus Gegensätzlichem: Nasses mit Trockenem, Erdiges mit Reinem, Grobes mit Feinem und Sperriges mit Dichterem setzen wir in gleichmäßigen Schichten auf. Befüllen Sie es in einem Gang oder auch über einen Zeitraum von mehreren Wochen. Es bleibt Ihnen überlassen. Es ist nur eine Frage der Zeit, bis reifer Kompost entsteht.

Zwischen die einzelnen ca. 10 – 15cm dicken Schichten streue ich einige Liter biologisch aktivierte Pflanzenkohle und etwas Terra Anima® Humuserde. Das Ganze wiederholt sich mehrmals, bis Sie die gewünschte Höhe erreicht haben. Unsere Erfahrung lässt uns etwa 1 Meter hohe Haufen errichten. Für einen Kubikmeter (1m³) Kompostiergut benötigen Sie 40 Liter biologisch aktivierte Pflanzenkohle, eingebracht in sehr dünnen Schichten. Es darf sich keine „Sperrschicht" aus Pflanzenkohle bilden, die eine Barriere für aufsteigende Organismen, wie Würmer darstellen könnte.

Beim Umschichten verteilen Sie die schon eingebrachte Pflanzenkohle weiter. Zum Starten bzw. „impfen" verwenden wir unsere Kräuterjauche oder die Hefemischung (s. u.). Davon verteilen Sie etwa 2 – 3 Liter gleichmäßig auf die oberste Schicht. Danach stoßen Sie mit einer Stange vier Löcher senkrecht von oben, ca. 80 cm tief in den Haufen (bei Füllhöhe 1 Meter) und gießen nochmals pro Loch 1 – 2 Liter Kräuterjauche hinein. Die Löcher werden dann wieder verschlossen.

Humofix
HUMOFIX® ist ein Pulver aus fünf Heilkräutern, Eichenrinde, Milchzucker und Honig. Dieses können Sie bei der Abtei Fulda kaufen. Wir haben es ausprobiert und können es Ihnen mit gutem Gewissen empfehlen.

Kräuterjauche
Dazu haben wir im Frühjahr die ersten Brennnesseln (20 – 25cm hoch) und Löwenzahnblätter – in einem Eimer mir Regenwasser bedeckt – 4 Wochen stehen gelassen, dann in eine 100 L Regentonne geschüttet und mit Regenwasser gefüllt.
Über den Sommer habe ich noch weitere Heilkräuter (wie z. B. Beinwell) zugegeben.
Urgesteinsmehl verbessert die Wirkung und verhindert Geruchsbelästigung.

Hefe-Zucker-Wasser Mischung

Die Backhefe (42 g) wird in einen Eimer zerbröselt und mit 3 Esslöffel Zucker verrührt bis sie flüssig ist, dann 500 bis 1.000 g Zucker zugeben und mit 10 bis 15 L Regenwasser aufgießen. Rühren bis sich alles aufgelöst hat und anschließend über den fertig aufgesetzten Komposthaufen gießen und in mehrere von oben mit einer Stange gestoßene Löcher (ca. 10 – 20 cm tief) einfüllen.

Tipp 5 – Umsetzen

Viele Gärtner befüllen ihren Komposthaufen übers Jahr und lassen ihn dann bis zum nächsten Frühjahr reifen. Alternativ können Sie mit unseren Tipps einen guten zeitsparenden Schnellkompost erzielen.

Den Rotteprozess können Sie durch Umsetzen des Haufens optimieren und beschleunigen. Beim Schnellkompost (wie in Abschnitt 4 beschrieben) muss der Kompost mehrfach umgesetzt werden. Schnellkompost kann nach 4 bis 8 Wochen (je nach Witterung) zum ersten Mal umgesetzt werden. Danach alle 2 bis 4 Wochen, bis der entsprechende Reifegrad erreicht ist.

Damit alle Schadstoffe, wie z. B. Spritzmittel abgebaut werden, empfehle ich eine Rottedauer von mindestens 12 Monaten.

Beim Umsetzen wird trockenes Material, z. B. vom Randbereich, mit nassem und schon weiter verrottetem Material gemischt. Trockene, aber bereits mit weißem Pilzmyzel durchdrungene Stellen werden erkannt und können mit Regenwasser gegossen werden. Damit wird der durch die Trockenheit gestockte Rotteprozess wieder in Gang gebracht.

Auch dieser reife Kompost sollte noch bis ins nächste Frühjahr reifen. Warum? Beikrautsamen werden durch die hohe Anfangstemperatur keimunfähig und Krankheitserreger werden erst durch die Tätigkeit von verschiedenen Pilzen abgetötet.

Beim Umsetzen kommt Luft in den Kompost und fördert die Aktivität der Sauerstoff liebenden Mikroben, die eine Reihe von Antibiotika erzeugen, wie z. B. Penicillin und Streptomycin. Sie sind für die selbstreinigende Kraft des Bodens notwendig, weil sie menschliche, tierische und pflanzliche Krankheitserreger abtöten.

Verschiedene Pilzgruppen erzeugen Vitamine der B-Gruppe sowie Vorstufen der Vitamine A und D2, aber auch Aromen und Geschmacksstoffe.

Auch zugelassene Spritzmittel auf Zitronen-, Orangen- oder Bananenschalen werden innerhalb von wenigen Monaten im Kompost abgebaut.

20. Anwendungsempfehlungen
für fertige Komposterde

Anwendungsempfehlung für Ihre fertige Komposterde oder für unsere Terra Anima® Humuserde:

» Bei Neupflanzung ins Pflanzloch oder als Dünger an die Pflanze geben.

» Bei kleinen Pflänzchen, wie Blumenkohl, Brokkoli, Erdbeeren und ähnlichen Pflanzen:
etwa 100 – 150 ml untergraben.

» Bei größeren Pflanzen, wie Gurken, Tomaten oder Stockrosen:
etwa 250 – 300 ml dazugeben.

» Bei Sträuchern, Beeren oder Rosen:
etwa 1 – 2 L zugeben (müde Rosen bekommen auch mal 4 – 5 L).

» Bäume je nach Größe:
ab 3 L.

40 Liter Humuserde reichen für ca. 270 kleine und 120 große Pflanzen. Das bedeutet, Sie investieren 10 – 15 Cent pro kleine Pflanze und 25 – 30 Cent pro große Pflanze beim Kauf von unserer Humuserde.

Wenn Sie selbst kompostieren und dafür aktivierte Pflanzenkohle kaufen, investieren Sie pro kleine Pflanze etwa 2 Cent und pro große Pflanze etwa 4 Cent.

Der gewonnene Ertrag und die Blütenpracht, sowie der fast vollständige Verzicht auf Chemie und Dünger stehen dabei in keinem Verhältnis zum finanziellen Aufwand.

Diese Humuserde ist ideal für den gesunden Anbau von Gemüse, Kräutern, Salat, Beeren und Obst. In der Ernährung spielen Vitamine, Mineralstoffe und Spurenelemente eine zentrale Rolle. Hochwertiges Obst und Gemüse wachsen nur auf hochwertigem Boden!

Zierpflanzen
Den Kompost mischen Sie am besten im Verhältnis 1:2 bis 1:5 mit Erde oder Sand.

Palmen
Da der Kompost nach unserer Herstellung pH neutralisierend wirkt, seien Sie bitte mit der Zugabe sparsam. Viele Palmen bevorzugen einen leicht sauren Boden. Bitte mischen Sie hier maximal im Verhältnis 1:5.

Informieren Sie sich bitte über den pH-Wert, den Ihre Palme liebt. Je saurer der Boden sein soll, desto weniger Kompost sollten Sie zumischen.

Bei stark beanspruchten oder gar degradierten Böden können größere Mengen erforderlich sein.

21. Weiterführende Quellen

**Terra Preta – Die schwarze Revolution
aus dem Regenwald**
Ute Scheub, Haiko Pieplow, Hans-Peter Schmidt

Die Humusrevolution
Ute Scheub, Stefan Schwarzer

Die Menschheit schafft sich ab
Harald Lesch, Klaus Kamphausen

Das geheimnisvolle Leben der Pilze
Robert Hofrichter

Gärtnern, Ackern ohne Gift
Alwin Seifert

GOLD im Biogarten
Abtei Fulda

Kompostierung und Erdenherstellung
Gerald Dunst

**Dreck – Warum unsere Zivilisation den Boden
unter den Füßen verliert**
David R. Montgomery

Handbuch des Bodenlebens
Annie Francé-Harrar

Die Kunst der Transformation
Stefan Brunnhuber

Das geheime Leben der Bäume
Peter Wohlleben